A Senha Evangélica

Coordenação de projeto Reinaldo Reis Alves e Sergio Reis Alves
Edição Rogério Chaves
Diagramação Reinaldo Reis
Revisão Pedro Augusto Chaves
Arte da capa Reinaldo Reis
Foto da autora Moisés Moraes

Dados Internacionais de Catalogação na Publicação (CIP)

C744s Conceição, Dona.
A senha evangélica / Profetisa Dona Conceição. – São Paulo, SP: Cosmos, 2021.
104 p. ; 2X cm.

ISBN 978-65-88551-01-1

1. Evangélicos - Veracidade e falsidade. 2. Cristianismo. I. Título.

CDU 28

Índice para catálogo sistemático:
1. Evangélicos : Veracidade e falsidade 28
(Bibliotecária responsável: Sabrina Leal Araujo – CRB 8/10213)

Editora Cosmos
Rua Carum, 60
Jardim Maria Duarte
São Paulo, SP, Brasil
CEP 05752-450

www.editoracosmos.com.br
cosmos@editoracosmos.com.br

A Senha Evangélica

Profetisa Dona Conceição

Editora
Cosmos

Um feliz encontro!

Dona Conceição faz parte da história de muita gente durante muitas décadas. Faz parte também da história da Editora Cosmos, pois é da profetisa um dos primeiros livros lançados, há seis anos.

Mensagens proféticas veio a público em maio de 2015 e causou impacto aos leitores e leitoras. Muito do que ali estava escrito foi vivido e noticiado posteriormente, com destaque para as questões climáticas em todo o planeta, basta consultar os buscadores na internet.

E agora, neste novo livro, todos e todas poderão ler e ouvir Dona Conceição nos alertar sobre outro assunto que toma cada vez mais espaço na sociedade, a questão relacionada a comportamentos religiosos evangélicos e suas influências. Como saber exatamente o que é verdade ou mentira? Quais são os verdadeiros propósitos a observar e seguir?

Convidamos você a nos acompanhar nessa conversa. Esperamos contribuir com a abertura de novos caminhos, por horizontes que favoreçam o que há de melhor no mundo.

Boa leitura!

Os editores

Viemos ao mundo para sermos felizes!

Você (sim, você que lê essas palavras), ser humano e filho de Deus que veio a esse mundo para ser feliz e trazer a felicidade, assuma o seu espírito e o seu corpo, por Deus Pai, por Deus Filho e por Deus Espírito Santo, amém!

Vamos fazer um convite para começar nossa conversa, repita comigo essa **ORAÇÃO** (em voz alta) dizendo assim:

'Eu, (fale seu nome), sou ser humano, sou filho de Deus que veio neste mundo para ser feliz e trazer a felicidade, assumo meu espírito e meu corpo, por Deus Pai, por Deus Filho e por Deus Espírito Santo, amém.'

Pense em seu interior, se você está fazendo o bem ou o mal para o seu irmão ou para sua irmã. E antes de dizer 'sou evangélico', quer dizer, se você está vivendo o Evangelho em relação a todos os seus irmãos. Você está mesmo representando o Evangelho, representando o Cristo ressuscitado?

Acima de ser evangélico, precisamos ser cristãos. Será que Jesus ficaria contente comigo apoiando uma pessoa só por causa de suas condições financeiras, ou pelo interesse que aquela pessoa faça alguma coisa para mim? Então, aceitar Jesus não é só ir lá e tomar um banho na água, vestir roupas 'decentes' – não tenho nada contra roupas decentes, inclusive acho muito bom, mas será que é só isso?

Aceitar Jesus é comprometer-se com o caráter de Jesus, comprometer-se com a cruz de Jesus.

Sumário

Um feliz encontro! ___ *5*

Viemos ao mundo para sermos felizes! ___ *7*

Porque 'Senha Evangélica'? ___ *11*

Jesus quer a verdade! ___ *19*

O perigo dos julgamentos precipitados ___ *25*

Oração e trabalho ___ *29*

Fé e conversão ___ *35*

Deus é a pura felicidade ___ *37*

Julgamento ___ *45*

Vício e recuperação ___ *53*

Preparando as crianças ___ *57*

Ser cristão ___ *65*

Esperança ___ *67*

A preservação de Deus ___ *71*

Respeito e tolerância ___ *77*

Justiça e oportunismo ___ *83*

A tarefa é difícil, mas não impossível ___ *89*

'Se você quiser vir a mim, pegue a sua cruz e siga-me' ___ *91*

Que Deus me inspire! ___ *95*

Porque 'Senha Evangélica'?

Este título me veio por inspiração após receber muita gente que contou casos de envolvimento com pessoas ditas ligadas às religiões, seguidores do Evangelho, mas que na verdade usavam isso como teatro para enganar, ganhar confiança e conseguir entrar nas casas, inclusive em empresas, com a intenção de levar vantagem e, infelizmente, até roubar.

Quero realmente chamar a atenção de todos. Este livro não tem nada a ver com os cristãos que são realmente cristãos, ele servirá para alertar sobre quem usa a religião como senha. Quem fala que é evangélico, mas na verdade não é! Falar que é evangélico está na moda. É preciso tomar muito cuidado, porque pode ser uma senha que as pessoas mais espertas usam para enganar os outros, seja em negócios ou em tudo o que tiver que tratar. Não tem a ver realmente com os cristãos sérios. Tem a ver com pessoas que usam desse meio para enganar. Como, por exemplo, aquele comportamento de falar que é evangélico para conseguir algum tipo de benefício. Essa explicação é necessária a todos os leitores deste livro.

Quando falo que sou de tal religião, as pessoas acreditam e dão confiança. Existem pessoas que frequentam, mas seu propósito é apenas enganar os outros. Isso existe na Igreja católica também, como aqueles que possuem um crucifixo pendurado no corpo. Nada de errado nisso. Podemos usar os santos, uma imagem bonita, uma pulseira, mas não adianta nada usar só no pescoço. Tem que usar no coração também!

Existem pessoas que usam só para dizer: 'eu uso'. Usa com brilho para você se encantar quando ela fala. A pessoa vai em uma empresa, em uma casa ou em outros lugares, e quando fala:

- 'Eu sou evangélico.'

- 'Ah, você é evangélico?'

- 'Então é esse que vou contratar, porque é religioso, não vai criar confusão.'

- 'Eu vou para a igreja todo dia!'

Quem é que vai dizer que aquela pessoa não é boa? Coitada das pessoas! Poderão estar perdidas!

Como está na moda essa coisa de religião algumas pessoas pensam:

- 'Ah, agora eu já sei como fazer para te enganar... Eu falo que sou evangélico e você vai acreditar em mim'.

É uma falsidade! Como eu digo que sou cristã? 'Ah, que maravilha. Eu não faço isso, também não faço aquilo. Eu não tomo cachaça, eu não tomo vinho, eu não tomo cerveja, eu não fumo...', mas pratica essas maldades com o ser humano. Você não toma uma cerveja, mas você não reconhece o trabalho daqueles que te ajudam. Quem é pior?

A máscara é achar que por ser cristão você está acima dos outros. E aí começar a fazer tudo quanto é coisa condenável diante de Deus. Não tomo vinho, mas não reconheço os direitos daquela pessoa que trabalha dentro da igreja. Não tomo vinho, mas me desfaço de você porque não é da minha religião. Ou simplesmente uso isso para enganar.

A pessoa vai trabalhar no seu escritório, na sua casa, vai todo bonitinho, a gola engomadinha, toda escovadinha, leva a Bíblia na mão, como quem diz: 'óh, a minha espada'. Às vezes, é um tremendo cara de pau que quer enganar você.

Você olha com humildade, igual Jesus olhou para o rapaz, e fica admirado: 'nossa, que beleza, ele vai para a igreja'. Aí que você se engana. Quantos casos assistimos assim! Então, você fala: 'eu gostei desse, vou chamar aquele porque ele é crente ou é católico, cheio de santinho, com certeza ele vai à igreja. Ou, 'óh, como está bem vestido. De qual igreja que você é?'. Então começa: 'quer ir lá? Jesus está aqui comigo'. Cuidado, não por causa de Jesus, mas porque pode ser que a pessoa esteja usando essa senha apenas para enganar você.

Como tem se falado muito de religião, os espertos se aproveitam para usá-la como uma fachada, para tirar proveito próprio. Pedem um dinheiro emprestado e não pagam. O que tem de gente religiosa que pede dinheiro para os outros e não paga. Quando você vai cobrar, vem uma ameaça: 'ah, não, Deus é justo. Vou falar com Jesus, você vai ver só o que vai te acontecer'.

Até mesmo esses pastores que alugam salões de igreja, muitos não pagam aluguel. Ficam devendo e quando são cobrados, acham ruim. Para isso você recebe dinheiro, para pagar essas despesas!

Você tem que cumprir com seus compromissos, não interessa se é da igreja ou não. Tem que ser justo nos seus compromissos, tanto seguindo igreja ou não. Só não vale dizer: – eu sou evangélico, você vai ver. Tem que dizer 'me desculpe, eu vou pagar, se puder parcelar, vou pagar'. Tem que dar prova que está com Jesus sendo justo, fazendo as coisas certas.

Aproveitar da situação. É isso que estou

dizendo da senha, porque serve para enganar. Até padre, quando você menos espera, apronta uma e você fala: 'puxa, eu confiei nessa pessoa'. A senha é isso, falar que é cristão ou que segue alguma religião cristã só para enganar os outros.

As pessoas que realmente são cristãs, de Deus, evangélicos, católicos, de qualquer religião, não fazem isto! Estou falando daquelas pessoas que usam essa nomenclatura e, às vezes, não são nada.

Conheci uma mulher nos Jardins (bairro nobre da cidade de São Paulo), procurando uma funcionária que pudesse entrar bem cedo no serviço. Apareceu, então, uma mulher que disse que poderia entrar às sete horas. E mais, disse que poderia ficar até às seis horas. A dona da casa era uma pessoa de família tradicional, de muitos bens. E a contratada já foi com a sacola e com a Bíblia, cabelão, assim como se diz: 'eu sou de tal religião'. Bem pacata, simples, para enganar. Não é que a religião seja de mentira. Aí que está a senha. Pior que a pessoa acha que é. Aí mulher pode ficar com essa que é religiosa e que entra bem cedo, dispensou uma que chegava às nove horas, cumpria com o seu dever, mas que não tinha religião nenhuma. 'Você eu não quero mais, agora arrumei uma que é uma beleza'. A mulher ficou logo apaixonada, como se dizendo 'agora arrumei'. A patroa tinha mania de viajar nas quintas-feiras de tarde, para uma fazenda em Campos do Jordão ou para a praia, nunca ficava em casa no fim de semana.

Ela ficou mais ou menos um mês sem viajar, para observar o rendimento da funcionária. Depois que ela pegou confiança, resolveu deixar a mulher sozinha, que só levava uma sacola, bem simples.

A casa ficou vazia por três dias. Nesse período, a mulher contratada aprendeu direitinho como é que abriam os cofres onde joias eram guardadas. Primeiro esperou confiarem nela, depois levou duas sacolas de joias. A mulher tinha muitas, guardadas no cofre em casa. Apenas a patroa sabia abrir. Não sei como a funcionária aprendeu a abrir, mas levou todas as joias da casa. E dizem que valiam muito. Sumiu! A mulher disse para o zelador que a funcionária poderia entrar, que ela faria faxina, mas ela aproveitou a ausência da patroa, fez a faxina e depois encheu as sacolas de joia, entregou a chave e foi embora. A dona da casa chegou e não achou nenhuma.

É essa a senha evangélica. Usar a falsidade, a Bíblia e o cabelo longo para se aproveitar dos outros. Existem coisas piores que não vou falar. Não estou supondo, estou falando coisas que eu sei. Não vou falar mais para não comprometer ninguém, mas tem coisa muito pior, que não vou falar aqui. As pessoas põem aquele vestido longo, os cabelos compridos, a Bíblia. É uma senha. Mas isso é só um pouco do que realmente acontece. Eu destaco, novamente, não podemos julgar pela aparência.

Com todas as religiões. A senha que está na praça no momento é a moda de falar que é evangélico. Tome cuidado com essa senha, porque muitos não são. É uma maneira de enganar. É melhor buscar direitinho, ver de onde é a pessoa, não se deixar levar só porque fala que é evangélico, às vezes, até frequenta a igreja, leva você, mas faz justamente o contrário. E isso Jesus não quer para ninguém!

Jesus quer a verdade!

Jesus conhece! E antes de existirem as igrejas! Como naquela passagem do rico que ficou triste porque era muito rico. Ele falou para Jesus: 'Mestre, eu faço isso, faço aquilo'. Disse que Jesus olhou, admirou e falou: 'Vem comigo, porque gostei de você. Mas tem uma coisa: venda toda a sua riqueza, dê para os pobres e siga-me'. Ah, ouviu isso e ficou triste, isso acabou com ele. O maior pecado dele era ser apegado aos bens materiais. Por causa disso, ele perdeu. Nesse momento temos que vigiar! E aquela outra passagem, do ladrão crucificado ao lado de Jesus, quando disse: 'Mestre, ó eu confio em ti, mereço passar por isso, mas o senhor, não'. Precisamos conhecer e amar a Deus.

As pessoas precisam se converter e não se convencer. Como no Evangelho, quando os próprios apóstolos brigavam entre eles dizendo 'eu sou do Estevão', 'eu sou do Paulo'. Então Jesus observou e falou 'eles estão agindo como humanos' como se Jesus dissesse que não tem muito a ver a discussão do 'eu sou católico' ou 'eu sou aquilo...'.

Algumas lideranças religiosas dizem: 'se você não vier na minha igreja, não vai dar certo sua vida'. Quer dizer, um não consegue respeitar o outro. Cada um segue o seu caminho, serve a Deus. Tem diferenças, mas não é que um que está fazendo da maneira de Deus e outro, não. Feito 'eu não aceito porque não é da minha religião' e fala: 'não, isso aqui não vale nada'. Não é bem assim. O homem erra. Mas não existe a igreja ideal. Até a nossa tem erro. A nossa igreja é santa e pecadora. Então, temos que avaliar o que ela está fazendo de certo e o que não bate muito com o que Deus diz.

Há momentos em que não adianta falarmos nada porque causa briga. Em todos os lugares têm coisas boas e coisas ruins. O que for bom nós aceitamos, o que for ruim deixamos para lá. Mas cem por cento não existe. Se você está trabalhando e, de alguma maneira, ajudando a pessoa melhorar, a deixar de fazer o mal, então Jesus diz 'o que não é contra nós, é conosco', lembra? Eu sei pouco da Bíblia, mas um pedacinho que leio fica gravado na minha mente. Fica ali que nem uma pedra de cristal, brilhando. O mínimo fica gravado ali. Pode passar palha de aço que não sai. Então, quando eu vou falar, me vem a palavra que li. É como se viesse Jesus e dissesse: 'Fala isso'. Não sou fanática, não sou apegada, nem nada, mas vem a revelação. O apóstolo perguntou: 'ó, aqueles homens lá estão expulsando os demônios, mas eles não são dos nossos. O senhor quer que a gente vá lá e proíba?' Ele falou 'não, porque o que fala bem de mim, não vai falar mal. O que é conosco, não é contra nós'. É baseado nisso que acredito que não existe somente a gente, os católicos, que temos que saber respeitar também o outro cristão que tem também seus erros, mas está fazendo um trabalho de Deus, principalmente quando você vê o resultado daquele trabalho. Você percebe onde Deus está, nós temos que ver o resultado do trabalho. Como é que Deus está trabalhando e você não vê o resultado?

Não importa que muitos não conseguiram, ou pioraram, ou que com alguns não aconteceu nada, mas muitos sofreram mudanças. Qualquer lugar que aconteça essas mudanças, a gente não pode ignorar. Tem muita gente que não quer mudar, mas tem gente que quer. Quando você quer, Deus trabalha em você. E a pessoa que Deus usa pode ser um padre, pode ser um pastor, pode ser uma freira, pode ser de qualquer outra religião. Sempre existe alguém em todas as religiões.

Em todos os lugares existem pessoas usadas por Deus. Ele não se enquadra numa religião só. A pessoa pode até não querer fazer, mas ela recebe orientação para fazer o certo. Às vezes, a pessoa quer a benção, quer a graça, quer ser ajudado, mas não quer receber. Não liga para o que é falado. Então não vai ter mudança, não vai melhorar porque a pessoa não quer. 'Olha, aquela pessoa me usou, mas não valeu de nada'.

Porque quando você vem em busca realmente de um copo de água é porque está com sede, e você recebe a água. E a água que recebe pode ser doada para muita gente, porque nunca acaba. É a conversão. Nós temos poucas pessoas convertidas e muita gente de prática. Eu não falo dos convertidos, porque os convertidos são pessoas de Deus, como se fossem enviadas para ajudar os outros aqui na Terra. Mas falo das pessoas que usam as coisas de Deus para tirar proveito de uma situação. Então essas pessoas são muito chatas, porque não vai em tal igreja ou em tal núcleo. Não falo só das católicas e evangélicas, pode ser qualquer tipo de religião, qualquer uma. Fica com aquele orgulho, com aquela vaidade. Isso é egoísmo, uma bobeira. Fazer isso ou aquilo, porque não sei quem mandou. Você tem que fazer do fundo do seu coração. Quando você começa a criticar os outros, começa a desfazer dos outros, fica uma coisa desagradável. E chega até sua casa para incomodar. Isso é a pior coisa que tem.

O convertido não critica, não incomoda, você gosta de estar perto dele. Seja de qual religião for. Agora o não convertido, mas praticante, começa a exigir mil e uma coisas de você. 'Ah, se você não frequentar só a minha igreja, eu não vou ajudar você, não. É o capeta que vai lhe pegar. Faz um terrorismo em cima da pessoa. 'Você tem que ir a minha igreja, porque a outra não presta. Ou se você usar essa roupa aí, também não vai dar'. Criando coisas, bobeiras tipo: 'se você beber um pouco de bebida, o diabo vai entrar em você'. E muitas outras coisas. Nesse caso, ele não é convertido, é convencido. Chega também a ser frio, a ponto de não ceder nada, porque ou tem que ir à igreja, ou fazer o jejum, ou ir até a casa da dona fulana porque estou servindo a Deus'.

As pessoas começam a misturar os problemas pessoais com Jesus, com Deus e com a igreja. Isso é triste. Por exemplo, eu posso entender que se sou empregada e ser chamada para estender meu expediente no trabalho para ficar com as crianças dos patrões, é tão importante como ir à igreja. É o que Jesus fala: 'Primeiro resolva as coisas com seu irmão, depois você vem a mim'. Entendeu? Então, 'não, fulano, fica sossegado. Eu não vou à igreja hoje, Deus está vendo que não estou indo porque não quero. 'Não, fica sossegada, vai fazer sua prova de faculdade que ficarei aqui com suas crianças'. Acabou. E não é tudo que precisa de dinheiro também. A gente tem que ser menos dinheirista.

O perigo dos julgamentos precipitados

É necessário ter uma percepção maior. E isso é ter o Espírito Santo. É tomar a decisão na hora em que a situação acontece. Igual ao homem que se converteu na hora. E a resposta de Jesus foi que 'hoje mesmo estará no céu comigo'. Porque é a percepção da hora. Não é esse Evangelho frio, gelado, vou lá, deixo o meu irmão aqui esperando como se diz você precisa muito comer alguma coisa, 'não, agora eu não dou porque eu vou à igreja', 'não, você não merece não, o que você faz?' Se você está morrendo de fome, eu não quero saber o que você faz, se você está na rua, se você bebeu, se você usou droga. Quero salvar você em primeiro lugar, quero primeiro saciar sua fome, sua sede. Depois vou ver o que você está fazendo, se merece ou não. Não me interessa. 'Não, não vou te dar, você não merece. Você bebeu, né?'. 'Você não tem vergonha, não? De beber e vir me pedir?'. 'Não, não vou te dar não'.

Entendeu? Ó Senhor, misericórdia! Que frieza. O cara está com fome. Não vou ver se bebeu ou não, se trabalhou ou não trabalhou. A primeira coisa que preciso cuidar é do prato de comida.

O Evangelho tem que ser uma coisa para a hora. Porque às vezes, se passar não adianta mais, porque ele precisava de comida naquela hora. Porque eu estava julgando, pensando se ele bebeu, se não bebeu, se estava trabalhando ou não. Eu falo isso baseado nos fatos que já vivi com as pessoas.

Temos que tomar mais cuidado porque, às vezes, passamos por cima das pessoas e queremos julgar. Fala: 'ah, mas esse está na rua'. Não sabe se é mentira, verdade. Às vezes, você deixa de atender. E, às vezes, é tarde, né?

Ouvi tanta gente dizer: 'Ah, meu Deus, ela disse que não vai ficar porque vai à igreja. Como é que vou fazer?' A pessoa fica desesperada. Às vezes a mulher quer fazer desaforo para alguém. Eu falei 'se você vai fazer desaforo para o marido, não usa as coisas de Deus para falar que é Deus que quer'. O santo nome de Deus em vão. 'Ele vai ver só, eu não estou bem com ele'. É incrível o dom que Deus dá, é profundo. Ele chega, eu pego a Bíblia e falo que vou à casa de dona fulana rezar. O homem fica louco de raiva. Poxa, a pessoa chegou cansada, trabalhou o dia inteiro, por isso que, segundo o apóstolo

Paulo, as casadas cuidam das coisas do lar, cuidam do marido e dos filhos, porque Deus já sabia que ela não podia contar muito com o trabalho delas. Porque elas já têm um, que é cuidar bem dos filhos e do marido, também rezar para evitar que as crianças caiam em mau caminho, tratar bem o marido para que ele viva bem, cuidar bem da família.

'Ah, não, agora você cuida de tudo que eu vou ali até a casa de dona Maria, pego uma Bíblia, um terço. Ele vai ver só. Tá vendo como é bom?'. Essa reza não é melhor. 'Cadê a comida?'. 'Ah não, vou ali'. Ou ela vai num outro horário, ou manda uma outra que não tem compromisso. Deus não quer que haja discórdia assim. Entendeu? Poxa vida, o marido não quer ir, mas ele não precisa. Ele tem que ir por ele próprio, não porque quero que ele vá. Quando ele volta, as crianças já tão dormindo, o marido não sabe se comeu ou não, simplesmente está bravo. Isso não pode acontecer. Não, não posso ir nesse horário, o meu marido vai chegar, tenho que fazer a janta, as crianças estão chegando da escola. E Deus aceita. Às vezes porque não entende, ou porque quer confusão, existem pessoas que fazem essas coisas. Tudo o que abordamos tem muito a ver com o que Deus me mostra. Tem essa parte...

Oração e trabalho

Eu sempre orientei as pessoas aqui no meu trabalho. É a primeira coisa que eu faço quando uma pessoa vem, quanto mais você está com a sua vida atrapalhada, mais sofrida. É como se Deus quisesse dar um abraço na pessoa. É possível sentir a misericórdia de Deus. É como se Deus quisesse, urgentemente, tirar a pessoa daquela situação. Deus não vê nada quando a sua vida está ruim demais. Deus não cobra nada de você, mas Ele fica aflito para ajudar, para tirar você daquilo.

Como sentimos a misericórdia de Deus nessa hora. Ele não falha nada. Quem falha somos nós, seres humanos, pois somos falhos. Você sente uma misericórdia. Eu vejo como é forte a misericórdia, a energia de Deus quando tem uma pessoa na pior situação possível. Como se dissesse: 'Meu filho, minha filha, venha cá, me dá um abraço para eu tirar tudo isso de você'. Eu tive muitas oportunidades de presenciar essa energia de Deus. Porque sentimos a presença dele. Não sou eu. Afinal, quem sou eu? Eu apenas observo aquilo e fico emocionada ao ver como ele é bom. Então quando chega a pessoa numa situação ruim – às vezes, eu não estou tão bem assim –, ou não vou atender mais e volta outro dia, ou prefiro falar bem pouquinho. Sou um ser humano, né?

Às vezes, vem a mãe, que parece estar com uma corrente no pescoço dos filhos. 'Aí, óh, esse sem vergonha, miserável'... Ela diz isso porque gosta, quer ver o filho bem. E diz 'eu falei para ele, vou levar você na Dona Conceição. Você vai ver as poucas e boas que ela vai falar para você. Fala com ele, Dona Conceição'. 'Ele estava na cadeia, estava lá num sei onde. Fala com ele, Dona Conceição'. E aí, não vem uma palavra para jogar, e agora? 'A senhora não vai falar, não? Trouxe-o aqui para isso'. As tiazinhas, a mãe, a avó ou o tio. Eles amam aquela pessoa, mas o trabalho de Deus não é assim. 'A senhora não vai falar nada para ele, não?' Mas ele está tão ruim, tão mal, que não ouve mais nada. Ele quer uma palavra de refrigério, como se diz, não entra mais nada na pessoa. E eles olham surpresos, ficam olhando como se 'deixa eu ver o que ela vai falar'. 'e aí, a senhora não vai falar?', 'não, não vou falar nada', 'ah, mas não acredito, eu trouxe aqui!', e digo 'não vou falar nada, só vou benzer'.

A pessoa não tem condições mais de ouvir crítica. Mas ela se sente tão aliviada e quer voltar. 'Vamos naquela mulher, me leva lá'. E não proíbo nada, porque a pessoa já está até aqui com proibição ou cobrança.

Normalmente, ela não está em condição de ouvir mais coisas. A pessoa está precisando de ajuda. Não está precisando falar de dinheiro, deixa isso para lá. Mais vale a pessoa do que o dinheiro. Às vezes, não está em condição nem de coordenar sua casa, nem de comparar seus alimentos. Tudo o que a gente pode fazer para deixar a pessoa em paz, tranquila, temos que fazer. Poxa, ela já sofreu tanto, deixa ela sossegada.

A pessoa se vê numa situação terrível de uma hora para outra não ter condição de nada... 'Esse cara é vagabundo. Reza para ele trabalhar'. 'Eu falo: minha senhora, ele não tem condição nenhuma de trabalhar'. 'Quieta aí, fica sossegada'. Na hora que ele tiver bem, ele vai saber o que fazer. 'Ah, mas ele fica o dia inteiro deitado'. Por isso que vamos benzer, rezar, para Deus mostrar o caminho. Para Deus abrir, iluminar, dar forças. E não briga com ele, traz para benzer. Eu sei que a senhora tem boa intenção, mas não é por aí. Pode trazer. Não vou falar nada, porque a oração que vou fazer já diz tudo. A pessoa sai tranquila. 'Ah, mas ele usa drogas também, fala para ele que eu não gosto'. Não quero saber se ele toma droga, se não toma, não quero saber nada, não vou proibir. E se você sentir vontade de tomar um pouquinho, pode tomar, não passa sacrifício. Elas ficam com um olho desse tamanho. Eu quero que você melhore, mas não quero te sacrificar. Eu tenho certeza absoluta que ele vai melhorar e eu falo para não passar necessidade, não forçar sua natureza, e vai vindo benzer. Ninguém usa droga porque quer. É uma situação, uma maneira de, às vezes, se aliviar de alguma coisa, algum sofrimento, uma fuga.

Cada um tem um problema, não é mesmo? Temos que conhecer o nosso problema, trabalhar direitinho. E, de repente, ele vai diminuindo, vai diminuindo, sem falar nada. E ele já vem benzer sem ninguém trazer. Então vem essas meninas, esses meninos. É como se fossem filhos meus, eu gosto muito porque lembro quando não estava nada bem. Aí, quando você menos espera, a pessoa volta a estudar.

De repente começa a trabalhar, não que eu falei. 'Dona Conceição, mas eu vou nessa religião, nessa e nessa, eu faço macumba...'. Tem uns que faz cada coisa horrível, uns, umas. Nem ligo, deixa isso para lá. 'A senhora não vai falar nada?', 'não'. Eu não proíbo nada. Então... 'mas a senhora não acha que eu deveria deixar?', 'não, Deus é quem sabe. Vai chegar a hora que Deus vai decidir sua vida', 'mas eu mexo com centro tão pesado, eu tenho livro num sei de quê, tenho essas orações aqui, Dona Conceição, essas orações são do demônio'. Não mando rasgar, não jogo fora, não mando queimar. Eu nem ligo, parece que é como se tivesse algo a mais na frente. Meu Deus, eu não falei nada. E a gente reza, reza, a gente tira a pessoa de toda aquela poeira. Não mexo com nada de violência. 'Ah, mas eu faço aqueles rituais'. Nada, a gente não proíbe nada. 'Ah, Dona Conceição, a senhora sabe que eu não tenho mais vontade de mexer com aquelas coisas?', 'você que quer. Eu te proibi?' Não proibi. Veja bem, não falei nada para você seguir, nem para você deixar. Se você quiser, segue ou deixa, é espontâneo. 'Não, Dona Conceição, não quero mais não, não tenho mais vontade.' Meu Deus, olha aí, mudou sem a gente falar nada. É assim.

Fé e conversão

Jesus nos fala da fé. Quer dizer, todos os pecados dele, tudo o que ele fez foi perdoar. E o outro que fez tudo de bom a vida inteira, não recebeu.

Não pode ter maldade nos olhos. A maldade está dentro da gente. Quando você olha com olhos bons, tudo fica bonito, fica puro. É aquilo que Jesus falou: 'O que contamina o homem não é o que entra na boca, mas o que sai da boca, isso é o que contamina o homem' (Mateus, 15:11).

É o mundo que vivemos, uns já estão mais conformados, mais evoluídos. Outros precisam de uma mãozinha, de ajuda. Mas não tem como a gente julgar. Corremos o risco de errar. Porque, às vezes, aquele que está na lama, está com o coração mais puro que alguém que frequenta a igreja. A salvação acontece na última hora. Depende muito da sua decisão quando chegar esse momento. Às vezes, você fez tudo bonitinho e certinho a vida inteira, mas não valeu nada. Como aquele jovem rico que na última hora não conseguiu ouvir o chamado do mestre. Fez tudo certinho, a vida inteira, mas não adiantou nada. Quando Jesus falou: 'Ah, deixa todos os seus bens, vende tudo, dá para os pobres'. Ele não mandou dar para a igreja. São uma surpresa, as coisas de Deus. É uma sabedoria tremenda. É incrível, eu fico meditando sempre sobre como Deus é incrível e surpreende a gente com sua sabedoria , como me encanta tudo isso.

Deus é a pura felicidade

Normalmente, Deus é associado a uma figura de sofrimento, uma coisa meio fria, sem emoção. Mas eu não conheço esse Deus assim, não. Eu acho que Deus quer muito a felicidade e a alegria de todos. Deus não pode ser relacionado à depressão ou ao sofrimento. Pelo contrário, ele abrange o sofrimento, na medida em que você vai sentindo a presença dele, não sofre mais, não tem mais depressão e também aumenta muito a nossa sabedoria. Como se viesse um foco de luz muito forte, mostrando, não só por falar, mas uma alternativa para você resolver qualquer situação. Como se ele falasse: 'Faz assim'. A gente não se aperta. É incrível como a pessoa está solta. Parece um passarinho. De uma hora para outra, você muda tudo ou faz tudo. Leve. Mas o que tenho observado por aí, nas pessoas, até mesmo as grandes pessoas religiosas, a maioria não possui a conversão. E quando você não tem a conversão de verdade, não adianta. Você é mais a prática. A prática é boa porque a gente aprende o Evangelho, mas não sente profundamente esse Deus, assim. E não falo apenas da religião.

As pessoas, em geral, são praticantes, mas quando encontramos uma pessoa convertida, é possível sentir uma alegria grande porque o espírito comunica isso. Poxa! É diferente. Completamente diferente. Parece que falar sobre Deus ou senti-lo, torna-se uma coisa tão espontânea, tão natural, uma coisa viva. Às vezes, as pessoas falam: 'Não, como é que pode?' E a pessoa não enxerga nenhuma dificuldade.

Os problemas parecem ser muito pequenos, você não fica com aquela tristeza. Por exemplo, 'ah, separou', 'ah, o filho foi embora'. Mas você não sofre. Ou 'fulano de tal morreu'. Você sente um conforto no seu espírito, na sua alma. Não sei como explicar. Puxa, mas parece que ela não está ligando, porque não atinge a gente. A gente enxerga o problema, mas não é uma coisa para te deixar chocado, numa cama, acabar com você. Parece que vem alguma coisa e protege você. A coisa do ser humano é saber enfrentar os seus problemas, porque todos nós estamos sujeitos a passar por isso, por aquilo, mas tem coisa que acaba com a pessoa, né? Deixa a pessoa lá no chão. Vem uma energia e corta. Você não sente aquele sofrimento como muita gente sente. Aquela depressão, aquele desgosto, aquela tristeza. Então, quando a pessoa não é convertida, começa a falar assim: 'Poxa vida, ó Deus, me desculpa? Me perdoa'. 'Poxa, eu sigo a Deus, ah, eu vou à igreja, o que aconteceu comigo?'.

Então, quando você é convertido, seja qual for o baque, você fica tranquilo, você tem paciência, parece que o mundo gira em volta de você, quebrando tudo o que for ruim. Mas você parece que aumenta ainda mais a sua fé e a sua paz. É uma paz de espírito, como se não tivesse acontecido nada. Igual quando Jesus estava no deserto, quando foi tentado. Foi tranquilo. Sentimo-nos tão confortável na hora da tribulação. É isso que é converter. Quando vem a coisa pesada, parece que estamos dormindo. É tranquilo quando tem fé.

Confia que vai resolver. Nunca na minha vida pensei o contrário. Às vezes, eu dou até risada. Todo mundo tem tribulação. Mas, jamais: 'será que não vai ser?' Não, não consigo pensar o contrário. Pode até não dar, mas que eu penso que não vai dar, isso não penso.

Tem coisas que dependem muito da vontade de Deus em querer nos dar. Ele tem o negócio dos dons, ele concede um dom para cada pessoa. Ele divide os dons conforme o perfil de cada pessoa.

Sem esses dons não podemos fazer grandes coisas. Ler o evangelho, fazer palestras, tudo. Não é ruim. É ótimo. Tem até padre que não é convertido. A conversão é um dom muito alto de Deus. Não sei te explicar, mas é uma coisa muito diferente. Tem freira que não é convertida, tem padre que não é convertido. Tem gente que nem é religiosa e é convertida a Deus. É possível perceber pela ação da pessoa. Observamos como a pessoa é.

Temos sempre que procurar o mais importante que, a meu ver, é amar muito a Deus. E amar muito o ser humano também. Esse é o primeiro passo para que Deus possa trabalhar e você desapegar de tudo. É muito difícil Deus usar quando você é muito apegado nas coisas, quer tudo muito certinho, porque você nunca sabe que horas ele vai querer que você faça o que for necessário. Ele pode querer que você faça alguma coisa em uma hora que você não quer, ou que você não pode por estar com outros planos. Quando estamos nas mãos de Deus, não podemos ter planos. Você tem que ficar à disposição porque seu plano pode falhar completamente. Você ficará muito bravo se não tiver o dom... Porque, às vezes Deus escolhe uma pessoa e a pessoa é rebelde, não quer fazer como Deus quer. Nesse caso, Deus pode tirar tudo para você repensar sua missão... Tipo assim: 'eu lá de cima escolhi 'você' para fazer isso'. Escolheu, escolheu. Não importa onde é que você está, não importa quem você é, não importa que você não reza, que não segue nada. Deus não escolhe porque é de tal religião ou tal nação, é disso ou é daquilo. Ele escolhe o homem, o ser humano, a mulher. Não interessa se tem religião, se não tem, se você está se prostituindo, se você rouba, se você faz a pior das coisas. O que ele escolheu está escolhido. E é um desafio a escolha de Deus porque às vezes Deus busca resgatar a pessoa do meio da lama, para mostrar que Ele pode, que Ele quer aquele ser, mesmo existindo um muito certinho. Às vezes, as pessoas reclamam. 'Puxa, eu faço tudo aqui para o meu pai e esse aqui que não fez nada...'.

Às vezes, você é milionário de tanto dinheiro que roubou dos outros e não interessa. 'Eu quero esse'. Acabou. Ele começa a trabalhar em cima de você. As pessoas começam a falar: 'Poxa, não acredito que é esse aí. Ele está tão diferente, né?' Porque foi esse que Deus escolheu para fazer um trabalho muito especial. Ele escolheu, está escolhido. Não importa onde você está, se na cadeia ou se matou não sei quantos.

Você viu como mudou? Isso é converter. Você não tem que considerar a aparência. Você tem que ver que a pessoa realmente mudou depois da aproximação de Deus. É isso que é converter. Você percebe que Paulo mudou completamente. O José... 'não, não quero Maria. Não, vão falar de mim'. Deus chegou através do anjo: 'José, receba Maria!' Daquela hora em diante parece que virou santo, virou outra pessoa, fez tudo que Deus quis que ele fizesse, tanto para Maria como para o menino Jesus. Isso é conversão, a mudança de vida.

Nunca sabemos o que Deus quer. Que tipo de mudança ele quer? Tem gente que não é cristão, mas que Deus usou como intermédio, como Buda, como Gandhi, como Luther King que libertou os negros nos Estados Unidos. E outros líderes, como a Madre Teresa, por exemplo. Tiveram alguns católicos também, mas quando Deus realmente quer, um homem ou uma pessoa, um ser humano, não tem a ver se conhece Ele ou não, se O segue ou não . 'É esse aí, acabou!'.

É porque Jesus já conhece como funciona. Antes de existir as igrejas ele já sabia... O problema é que se você dá oportunidade da pessoa se converter a Deus profundamente, na medida em que você faz as orações, fortalece a fé da pessoa. Principalmente quando você não a proíbe de nada, não exige nada em troca. É igual aquela bebida que você toma devagarzinho, aquele suquinho gelado quando está calor. Você medita, se sente aliviado porque não existe cobrança em cima de você, o que dá um refrigério.

E a oração é como um manto de Deus, que cobre você. Sua cabeça começa a desejar o melhor. Você começa a perder as vontades ruins. Então, devagar, quando vai ver... 'ah, Dona Conceição, eu voltei a estudar', mas eu não forcei, 'ah, eu voltei a falar com a minha família'. Entendeu? Mas por que eu não falo nada? Porque a oração já fala tudo. A oração já faz tudo em volta da pessoa, já ajuda.

Eu sei, com certeza, que vai ter mudança. Eu não tenho dúvida. E não tem necessidade de fazer uma corrente, vir todo dia, toda sexta-feira ou toda quarta, por exemplo. Não tem isso aqui. Você vem se você quiser, o dia e a hora que quiser, que eu vou benzer você. Pode ir ao lugar que quiser, porque tenho certeza que Deus estará ajudando. Não tenho dúvida. Mas fico muito contente, porque vejo grandes diferenças. A pessoa se converte realmente. Não é só por prática, porque eu mandei ou falei. Não adianta você mudar porque eu falei, eu mandei, tem que partir de você porque caso contrário, nunca mais você volta.

O meu maior dom é a oração que faço, realmente converte a pessoa. A pessoa, a partir do momento que eu começo a rezar, se converte completamente ali, cria uma fé. Teve um dia, não sei se eu já comentei, estava passando numa avenida, uma rua qualquer onde havia essas igrejas de evangélico, inclusive dessas muito tradicionais, eu vi o homem de terno 'Ô, Dona Conceição'. Eu falei: 'O que é? Você me conhece?' Ele falou: 'Conheço. Sou pastor dessa igreja aqui'. E eu falei: Como? 'Ah, quando eu estava com a minha vida toda perdida eu fui em sua casa várias vezes. A senhora ajudou na minha conversão a Deus. Eu me converti de um jeito que hoje sou pastor dessa igreja. Agradeço por tudo que a senhora me ajudou'. Isso eu achei bonito. Porque se ele é pastor evangélico, poderia dizer: 'ó, lá vai a macumbeira'. Não é assim que muita gente fala? Então eu pensei: ' Esse se converteu mesmo!'. Porque ele, mesmo sendo pastor, reconheceu que o meu dom é bom, que tanta gente não reconhece. Quando eu começo a rezar, a pessoa se converte completamente ali. Muda tudo.

Julgamento

Existe um ditado mais ou menos assim: 'Não é o que você vê, é o que você é!' A maldade e as impurezas estão na gente. Então, tudo depende do nosso julgamento. Se você souber receber o lado bom, tudo é bom, tudo é puro. Se não souber, vai achar que tudo é impureza. E isto é ruim!

Muitas vezes tem aquela pessoa que está sentadinha ali, só julgando, como se fosse um juiz. Pode parecer, mas não é! Só Deus sabe aquilo que faz mal. E não aquele que está representando lá. Porque aquela pessoa está com uma energia boa, está se divertindo, não está fazendo mal para ninguém. E a gente aqui: 'Olha, que sem vergonha', 'Olha só, onde é que já se viu!

E põe Deus no meio. E, às vezes, o próprio Deus não condena. Deus quer salvar, não quer condenar. Às vezes está até um pouquinho exagerado, né? Mas é por isso que Deus está no meio também.

'Não, meu filho, maneira aí um pouquinho'. Deus é misericórdia e perdão. Agora, o outro: 'ah, você vai para o inferno'. 'Onde que já se viu? Óh, as criança aí'.

Amar o ser humano é não julgar. A pessoa não se sente bem quando você começa a excluí-la por isso ou aquilo. Mesmo que a gente pense que está exagerado, que não é assim que está errado. Mas nós temos que aprender a conviver e ajudar as nossas crianças a respeitar as diferenças. Sempre respeitar o ser humano, seja quem for. 'Ah, eu não respeito aquele ali porque ele é isso, não respeito aquele ali porque ele é aquilo'. Não, não. Só de ser um ser humano feito à semelhança de Deus merece todo o nosso respeito. Não interessa se é uma mulher livre, não interessa se é um bandido. Não interessa. Temos que respeitar.

O pessoal fica naquela saia justa. 'Se você não fizer o que estou mandando aqui, às vezes você ainda não se converteu?' Quando a pessoa ainda não se converteu, não adianta ditar regras que não cumprirá. As pessoas, às vezes, abandonam a igreja porque não conseguem cumprir suas regras. Quando ela está na pior, fica ainda mais difícil cumprir regras. Estabelecer regras não é o melhor caminho. Você não percebe que a pessoa está melhorando e se convertendo por frequentar alguma religião e nem pelo cumprimento de regras, mas através da sua maneira de ser e agir no dia a dia. A reza que prego aqui é justamente essa.

Esse mundo é igual a um prédio que está sendo construído, onde cada um tem seu papel, um carrega o tijolo, o outro entrega a areia, o outro faz a planta, o outro faz a janela. Se você constrói bem esse prédio, o resultado será boas moradias, proteção, coisas boas para o ser humano que vai morar lá e assim deve ser em todas as coisas. É necessário ter um pouquinho de consciência. Cem por cento ninguém é, nada é, mas temos que fazer as coisas pelo menos de maneira razoável. Como se diz 'ah, ela rezou, mas não deu nada certo. Então, vou fazer um trabalho pesado porque eu quero manter minha firma, eu quero ganhar dinheiro'. Isso é uma ilusão, mas eu não proíbo nada. E não é que eu rezei e não deu certo, é que a pessoa já construiu a casa dela no meio da areia movediça. Por isso, está condenada a desabar e perder tudo. Porque se você já constrói a sua firma de forma errada, não tem o mínimo de consideração com os funcionários, não paga os funcionários direito, faz tudo errado. Principalmente, não cuida das pessoas que trabalham com você, não tem misericórdia, engana, trapaceia, a sua firma vai chegar numa hora que vai desabar porque você faz tudo errado.

Para o mundo e as pessoas melhorarem cem por cento, é necessário rezar menos e fazer mais. Eu digo que reza vazia só serve para amolar Deus, perturbá-lo à toa. Reza que não vale nada, que não tem conteúdo. Reza, reza e reza, apronta, apronta e apronta, e nunca está disposto a fazer um trabalho bom nesse mundo. Então, para que você reza? Essa pergunta vale desde os dirigentes das nações, até os mais simples. É nossa responsabilidade construir um mundo melhor. A nossa reza tem que ser motivadora. Não adianta abrir templos, templos e mais templos. Para você ajudar uma pessoa, não importa o lugar, pode ser até numa praça. Não precisa pegar uma grande quantia de dinheiro para abrir grandes templos, que você passa na frente e às vezes só tem mosquitos lá dentro. Parece aquelas moscas que ficam voando ali na porta.

A maior parte do tempo não tem ninguém porque o pessoal está saturado de palavra, só discurso. Palavra e dinheiro, dinheiro, dinheiro. Muitos pensam em abrir um templo, construir um templo mais bonito para Deus. O templo bonito que Deus quer é o templo de dentro do ser humano. Não é assim: 'ah, vamos fazer um templo maior, vamos pedir mais dinheiro. Se você der mais dinheiro, a sua vida vai ser melhor. Óh, hoje é dia de festa na igreja você vai dar o dinheiro dobrado. Se você der três vezes mais o dinheiro ou duas vezes mais, você vai receber mais benção'. Não está nem aí com o seu problema. Isso é a reza que Deus quer? E cada um abre um templo maior, abre um templo ali, um templo cá. 'E a sua vida não melhora, você reza Ave Maria', 'Sabe por que sua vida não melhora? É porque não está dando o dízimo'.

Não é assim que falam para vocês? 'A sua vida não melhora porque você não vai para Aparecida do Norte', 'Mas se você vier aqui sua vida melhora'. Se você realmente tem Deus com você, não vai criar esse tipo de impasse. Aquele que é ruim, não fala nada do que é ruim. Como se diz, distorce a situação. 'Sua vida não melhora por quê? É porque você tá rezando Ave Maria? É porque tem essa imagem de gesso em casa? O que essa imagem de gesso faz por você? Não te prejudica em nada. É a imagem de gesso que mente? É a imagem de gesso que extorque? É a imagem de gesso que rouba? É a imagem de gesso que faz fofoca no trabalho para mandar o outro embora? Entendeu?

Nos dias das festas na igreja você tem que dar o dinheiro dobrado. Não é capaz de dar um macarrão para você comer, nem um suco. Agora está um pouco melhor, porque antes eles pediam para os próprios fiéis, os frequentadores, as senhoras limparem a igreja e os banheiros. Coitada das velhinhas, morrem de trabalhar na igreja. Agora está melhor porque parece que existe uma lei que todo estabelecimento precisa contratar segurança e pagá-lo. Acho que os dirigentes não gostam muito disso. Eles queriam que as próprias pessoas fizessem esse trabalho. Quando você vai pedir seus direitos trabalhistas, 'não, não, Deus vai te castigar, o que é isso? Você trabalha para Deus, trabalha para Jesus, pedir direito trabalhista por quê?', 'Ah, não pastor, seu padre, sua freira, eu tenho mulher, filho, preciso sustentar a família' 'não, não', 'eu tenho que receber a nora, o filho em casa, meus netos', 'não, não, você trabalha para Deus'. 'E se você não vier semana que vem, Jesus não vai gostar, hein? Lembre-se, você trabalha para Deus'.

Onde está a consciência da pessoa que diz que serve a Deus e faz desse jeito? Ah, mas entra dinheiro na igreja. Cadê os dízimos? Os dízimos são para isso. Não é só para abrir templos, é também para o pastor, o padre, terem um carrinho ao menos simples para que possam atender os fiéis, é para que eles possam comer direito, sustentar a família. Agora, que negócio é esse de que você não tem direito nenhum aqui porque trabalha para Deus? Mas eu vivo no bem bom, com um carrão, com ar condicionado, com tudo do bom e do melhor, vendo que meus pastores, meus padres, meus auxiliares não têm, e as tiazinhas, em vez de frequentar a igreja, ficam lá, trabalhando sem parar. Como é que eu vou ficar com a minha consciência tranquila? 'E não, me dá aí, ô pastor, ô padre, um dinheiro', 'Não, não minha filha. Esse dinheiro é para Deus, para por na igreja, para abrir outro templo'.

Então, Deus preferia que você não abrisse outro templo e cuidasse melhor da pessoa que te fornece ajuda. Ao ponto daquelas pessoas terem que ir na justiça para poder conseguir alguma coisa. E eles, os dirigentes, ainda têm a cara de pau de ir na justiça também para proteger os bens deles da igreja, ao invés de dar o que o outro merece. Não pode. Isso está errado. Onde que entra a fé aí?

Isso acontece em todas as casas religiosas. Nas católicas, nas espíritas, ainda tem festa com comida, mas nos evangélicos eu nunca vi comida de qualidade em nenhuma cerimônia. Se tiver, só se for paga. Aquela festa, aquele monte de gente. Ô meu Deus, dá ao menos uma macarronada ali para o povo, macarrão é tão barato, ou um picadinho com arroz, um suco. Ainda não somos santos, comemos e bebemos. Então, a senha religiosa é sobre isso, a máscara, a cara de pau.

Vício e recuperação

Já ouvi falar de lugares que tratam o vício colocando a pessoa para trabalhar com algo muito pesado, sem parar um minuto. Já ouvi isso, dizem que tem lugar assim.

Acho que tem que esvaziar a pessoa de tudo o que está em cima dela, porque a pessoa está com problema, com ela mesma e com a sociedade. É uma rebeldia terrível. Contra tudo, desde a infância, principalmente na idade juvenil, você se depara com uma sociedade falsa, então você começa a julgar entre o que passaram para você e o que você vive. Os olhos da coruja, os olhos da justiça. Você fala 'mas que merda, mas que droga... não é nada disso. Mas que mundo podre, que mundo sujo, que raiva. Por que essas pessoas ficam atrás de dinheiro?' Às vezes, o cara vai roubar e não é pelo valor. Ele está com ódio, com raiva, que droga, que pessoas interessadas nas coisas. As pessoas são falsas, as pessoas são preconceituosas. Tem uma música de um cantor: 'Pai, você não me falou nada disso, pai. Você não me falou das amarguras. Por tantas que eu teria que passar, meu pai'. 'Ah meu pai, perdoa-me por estar falando assim, às vezes eu esqueço e penso só em mim'.

O problema é que o jovem é puro. Não tem maldade, acha que ninguém vai fazer mal para ele. Ele entra nesse mundão de peito aberto. E aí ele se depara com aquela coisa que não é o mundo que mostraram para ele dentro de casa. Porque com os pais, é sempre 'minha filhinha, meu filhinho, meu amor'... aquela coisa gostosa dentro de casa, aconchego do lar, a mãe com todo o carinho.

Por mais pobre que seja a comidinha, a roupinha, a escola... De repente ele cresce, faz treze anos e percebe que as coisas não são assim. Ele fica numa rebeldia terrível. Começa a ver na balança dois pratos distintos, bom e ruim. Você já deve ter visto criança falar que não quer ser adulto, que não quer crescer, que quer continuar sendo criança. O medo de enfrentar o mundo que se abre. A criança fala: 'eu não quero crescer, eu não quero ser adulto'.

Você se depara com aquela avalanche de lama, mentira para todo lado, falsidade para todo lado. A criança perde a força. Às vezes, os pais não são preparados para segurar as pontas do lar. Nessa hora, os filhos precisam muito da família, do pai, da mãe, você ensina as coisas para eles aos poucos, tenta agradar todo mundo. Quando ele desliza, você não pode ficar: 'ah, você não vale nada', porque isso é perfeitamente normal. Ele começa a ir para escola e encontrar os outros na mesma situação, aproveita e faz amizade porque está no mesmo barco.

O pai e a mãe, às vezes, estão totalmente voltados para o trabalho e os outros não estão preparados para ajudá-los com os filhos. Nisso, quando se dão conta, perderam seu filho para as ruas, para as drogas, para as bebidas, para os roubos. E não é o que a gente queria e, na maioria das vezes, não era bem o que o jovem queria.

O maior problema é o período da adolescência. E lá se vai, com 14 anos dando grande trabalho, 16, 17, rebeldia total, depois começa a brigar dentro de casa. Os pais começam a bater, colocar de castigo, prender, falar mal, cada coisa horrorosa, as coisas só pioram. Embora eles façam para o bem, não é desse jeito que temos que lidar. No entanto, foi assim que eles aprenderam diante da simplicidade.

Preparando as crianças

Preparar as crianças ajuda muito nesse processo, desde os dois ou três anos, por exemplo, porque com três anos a criança já entende bastante coisa. Falar as coisas com clareza para a criança, que o mundo tem problemas, tem erros, fraquezas, mas que também tem como ser feliz.

Temos que esclarecer, desde cedo, que existem consequências dos nossos atos. Não precisa bater, não precisa colocar de castigo. É como pegar uma muda de planta. Se você plantá-la com as folhas para baixo e a raiz para cima, ela não vai nascer. É assim que precisamos ensinar as crianças. Então, se você fizer tudo ao contrário, assim como essa planta, como é que ela vai nascer? Ela vai secar e morrer. Existem consequências, não tem como não ter. Assim, a pessoa vai pensar duas vezes.

A criança tem que adquirir uma experiência porque está no mundo e precisa, acima de tudo, andar com o pé no chão. Precisa receber muito apoio do pai, da mãe, de quem está em casa. Deve ser sempre assim. Não deixar o filho muito irritado, muito nervoso. Pai e mãe têm direitos, mas a criança também tem. Não é porque é pai e mãe que tem que dizer sempre amém. Ele tem direito de opinar, a ter ideia própria. Precisa estabelecer diálogo, trabalhar aquela ideia apresentada por ele. Mas eu não vou repreendê-la porque a criança passa a ser passiva demais. Sempre tem que ter um diálogo, a criança fala e a gente trabalha em cima. Se a gente fizesse isso, desde pequeno, não deixar a criança crescer para comparar o que aprendeu em casa e o que é lá fora. Aí ele se perde. É igual a música que comentei: 'Você não me falou das coisas tristes, pai. Você não me falou das amarguras'. Não fala para poupar a criança. E a gente esconde um monte de coisas. A criança começa a ficar grandinha e perceber que não é bem assim. Ela fica muito brava.

A criança é pequena, mas o espírito é grande. A criança tem capacidade de ter entendimento de um espírito individual. Temos que trabalhar no ser humano. Qualquer tipo de trabalho que você vai fazer, procure fazer com o máximo de amor que puder. Não procure trapacear, isso só prejudica você mesmo. Em tudo que você vai fazer. Na verdade,

Deus não castiga. Nem o capeta nos atrapalha. Nós mesmos que atrapalhamos. Todas as pessoas fazem coisas erradas.

Alguns políticos entram lá com a intenção de pegar dinheiro. 'Só vou votar num projeto bom se você me pagar'. Tudo nesse mundo gera dinheiro, gera interesse próprio, frio, ruim. Não interessa se é para o bem ou não. As pessoas não querem fazer as coisas certas. Se o ser humano fizesse o certo, a realidade seria diferente.

Você tem que fazer sua obrigação. Nós temos obrigações aqui na Terra e isso não é nada demais. Qual a minha obrigação? Cuidar da minha criança para não virar um delinquente ou um usuário de drogas no futuro. Depois que ele já está dependente, já está delinquente, Deus pode livrá-lo desse mal, mas é mais difícil, pois causou um estrago tremendo na sociedade e na família. Poderia evitar isso se a pessoa tivesse mais companhia, orientação e cuidado. Começando dentro de casa. Tem que falar para a criança que ela deve crescer, fazer um curso técnico, estudar, trabalhar numa firma, trabalhar com o pai ou o tio, fazer tudo certinho, com boa vontade... Que está feliz por ganhar pelo menos um pouquinho, e depois quando se aprimorar, isso pode mudar.

Mas quando a gente risca, sai da linha, mente,

passa a perna, não cumpre com o dever, dá tudo errado. Quem perde com tudo isso? O mundo perde com isso. Tudo o que a gente faz de ruim, nossa família perde, o mundo perde, nosso país perde. Por isso que acredito que haverá uma recuperação no Brasil, porque para ir em frente temos que mudar o nosso caráter. A sociedade se tornar uma grande sociedade. Qualquer país poderia ser um grande país se todos os irmãos, as pessoas, se unissem e procurassem fazer tudo certo. Se decidíssemos entre nós: você ama sua pátria? Eu amo. Então prova. Porque todas as pessoas que fazem coisas erradas não amam sua pátria. Você está enterrando seu povo, sua nação, sua pátria, você está causando a desgraça para o seu país, você está fazendo com que o seu povo seja rejeitado lá fora porque eu não sou obrigada a te receber no meu país, uma pessoa corrupta, um pessoal que vai prejudicar meu povo. Por isso o brasileiro ganha porta na cara no exterior. 'Eu tenho medo de brasileiro. De repente, ele vai aprontar aqui'.

E aí, pode ser brasileiro, pode ser qualquer outra nação. Ah, fulano de tal nação vem aqui. É a mesma coisa que receber uma visita. O filho do fulano vai até sua casa. 'Ah, não quero porque vai ensinar coisa errada para meu filho'. Essa é a reza que

Deus quer. Precisamos conscientizar todas as pessoas para melhorar o mundo todo, falo para o nosso país e para os outros também. Tudo o que você fizer, ir ao banco, pegar fila, lidar com seus patrões, seja você uma pessoa simples, temos que procurar fazer a coisa certa. Desse modo, não vai precisar de polícia, não vai precisar de lugar para internar drogado porque não vão usar droga, não vai precisar de polícia porque não deixam a droga entrar. Simplesmente você não vai querer. Sabe por que você não vai querer droga? Porque você vai querer fazer tudo certinho. 'Eu me amo'. Então, se eu me amo, não vou querer que os outros tirem com a minha cara, essa é a reza de verdade. Reza, reza, reza, mas continua aprontando, cada um aproveitando mais do outro, tudo num balaio de gato, cada um apronta um pouco e continua a rezar. E Deus fica assistindo esse teatro. Até quando vai isso? Tudo isso são senhas que precisamos ficar atentos.

Não tem mudança quando a sua ação é ruim. Quando a sua ação é ruim, a sua intenção é ruim, o mal se multiplica. Não tem como melhorar se todo mundo praticar o mal. A tendência é a morte, a tendência é a destruição total. Como é que a gente reza, reza, reza, pede melhora se estamos todos no mesmo barco? Todo mundo aprontando. Enganar os outros e achar que está tirando proveito da situação. 'Que bom que eu ganhei'. Não sabe que lá na frente você vai 'dar com os burros n'água'.

Tudo nesse mundo passa pela justiça. Se todo mundo começar assim, a resposta vai ser uma desgraça total. Podemos acabar nas mãos de outros povos, porque não temos capacidade para administrar a nossa própria vida, nosso próprio país. Se aqui não tiver nenhum homem ou mulher dignos, se forem todos ruins, então Deus pode por na mão de outra pessoa. Deus fala assim, 'olha, antes estava pior. Você agora vai tomar conta.'

De repente outros povos tomam posse da nossa pátria e de nós, porque só aprontamos e não tivemos capacidade para cuidar do que Deus nos deu. Todos os povos que começam a fazer tudo errado, a tendência é Deus por na mão de outros quando vê que está tudo perdido, tudo deteriorado. Aí vão dizer 'ah, não, é minha terra... é meu povo'. Por que você não cuidou dela? Por que você não cuidou dos seus filhos? Por que você não cuidou de tudo que Deus te deu? Você só quis aprontar, perdeu. Agora você acha ruim porque outro tomou posse? Deveria ter percebido antes. É igual quando o juizado pega a criança e leva embora. 'Ah, meu filhinho, não sei o quê'. Não cuidou, essa é a consequência. Assim também é nossa pátria. Não interessa, pode não ter dinheiro, pode ser pobre, mas se fizermos as coisas de acordo, Deus olha, agrada, abençoa e começa a melhorar tudo.

Essa é a reza que eu prego. Sem violência. Não adianta discutir com a pessoa, criticar o governo, a polícia, nem a sociedade. Você faz a sua parte que a polícia nunca vai mexer com você, assim também é com o governo. Nunca, ninguém vai te incomodar. E até sua saúde melhora. Porque quando a gente começa a fazer tudo errado, a gente fica doente. É problema no fígado, problema de todo jeito, porque a consequência do pecado é a doença. Se você começa a fazer tudo errado, tem ideias ruins, começa ter depressão, fica doente. Está sempre doente, não tem remédio que sare a doença da pessoa. É muita impureza sobre a pessoa. A impureza começa na mente.

Ser cristão

Eu amo a Deus, sou cristão, quero o melhor. Então prova, mas como? Através da sua maneira de ser, no seu dia a dia, nos seus atos. Se você ama a Deus, você reza, vai à igreja, deseja o melhor para o país, em vez de discutir política nas praças públicas, acho que cada um deveria fazer a sua parte, fazer tudo de acordo. Assim eu ajudo meu país, ajudo a política. Não precisa nem discutir, porque os outros observam a sua ação e começam a gostar de você.

É aquela coisa que nós falamos sobre Deus.

Usar quem Ele quiser, até mesmo uma pessoa que não tem nada a ver com religião. O exemplo foi Jonas, enviado a uma cidade para avisar ao povo que um anjo jogaria fogo sobre a cidade. Deus falou: 'óh, aquela cidade... está tudo contaminado', faz tudo o que é errado e eu vou mandar o anjo tacar fogo na cidade inteira, acabar com a cidade, mas não quero fazer isso sem avisar o povo. E é você, Jonas. Ele nem era profeta. Você é o escolhido para ir lá. E não adianta teimar com Deus. Jonas falou: 'eu não vou, porque de repente, o povo não vai gostar e vai me apedrejar'. Ficou com medo e não foi, desobedeceu a Deus. 'Eu não vou de jeito nenhum, disse ele, imagina, de repente, o que pode acontecer, né?'. Aí, Jonas, em vez dele ouvir a palavra de Deus, ele embarcou num navio e quis ir para bem longe. Como se dissesse, 'vou para bem longe e não quero saber de nada'. Chegou no meio do mar, no meio do caminho o mar ficou bravo, bravo. O que aconteceu, derrubou Jonas na água, veio um grande peixe, que o engoliu soltando só na praia. Nesse momento, o Senhor disse novamente: 'Vai lá na cidade tal, tal, e faz uma pregação para eles se converterem, para eles mudarem de vida. E se eles ouvirem, eu não destruo a cidade. Jonas foi, fez as pregações, e o pessoal se converteu, tudo mudou quem sabe não é Deus que está de novo pedindo para eu fazer essas mensagens, para que as pessoas mudem. Quem sabe é Deus de novo, comunicando que precisamos mudar para as coisas melhorarem.

Esperança

Sobre o dom da profecia, Jonas foi lá e pregou, o povo ouviu e procurou mudar, fazer do jeito que Deus queria. Deus viu que o povo ouviu e suspendeu a desgraça. Não vou mais mandar os anjos tacarem fogo, porque o povo procurou o melhor de cada um. E com a mudança vem a melhora. Cada coisa que fazemos certo, melhora aos poucos a situação. Se não mudar, só piora, porque é a resposta dos nossos atos.

Eles não querem que o pobre seja médico. Graças a Deus, Ele mostra para gente o contrário. O outro, que tem dinheiro, que estudou na faculdade, que às vezes nem estudou, se esconde atrás de um diploma comprado. Às vezes, você que é técnico, sabe mais que o seu chefe, que é o patrão, o grandão que fez faculdade. Porque a faculdade dele é comprada. Ele manda você que é técnico fazer as coisas para ele só para ganhar dinheiro. Nós sabemos como isso funciona. Para uma pessoa que vem de uma origem mais simples, quinze mil, vinte mil é um bom dinheiro. Mas o filho da elite que vai ser chefe numa firma, não quer ganhar isto. Então, ele quer ganhar seus cinquenta, cem mil, até duzentos mil. Os chefes dispensam e contratam dois para receber quinze mil cada um. 'Eu, filho do fulano, da elite, vou ficar desempregado? E aquele que veio da simplicidade tomou meu lugar?' Há uma guerra. Você não pode falar nada por aí, senão você apanha. Se você falar isto, eles ficarão muito revoltados.

Caiu o poder aquisitivo da classe alta, desestruturou a classe alta. E também existem leis. Eu falei aquilo da pessoa ter consciência, ficar com a criança, mas tem gente que abusa das empregadas – por isso foi criada a lei que organiza o trabalho das domésticas.

Tem gente que abusa, não estabelece horário para nada. 'Vou comer depois do horário da novela das 21h, quero bife frito na hora.' Já vai a empregada, coitadinha, servir os patrões que só ficam sentados assistindo a novela. Agora não. Eu vou a várias casas. A empregada faz a comida às 16h, deixa lá para eles comerem a hora que quiserem, se arruma, pega o carro e vai para a faculdade. Muitas empregadas domésticas estão fazendo faculdade, e também têm carro. Porque quando é possível pagar em várias prestações, elas compram.

Não é nada demais, mas para certas pessoas, sim. 'Como esses pobres do norte vão com essas malas velhas no meu avião?', 'Esses pobres todos dentro do avião aqui comigo, não, não pode', alguns chegaram a sugerir a linha de colocar o preço mais alto para eles não irem juntos, mas não aumentaram o preço e, de repente, misturou tudo.

Essa mistura não agradou a elite, a classe alta, que apoiou uma volta atrás aos direitos de quem estava melhorando de vida.

A preservação de Deus

Tem que preservar. É um desenho que nos dá noção que Deus é poderoso, nos dá noção que o mal é uma coisa feia, que existe o mal, nos dá uma noção de ter uma mulher que Deus usou para trazer o menino Jesus, a Nossa Senhora... nós temos uma história maravilhosa.

Eu acredito que se não fosse o catolicismo para preservar as histórias, tudo isso já teria se perdido no tempo, principalmente com essa juventude de hoje. Como é que eu aprendi a acreditar que existe Jesus e acreditar que existe o mal? Tinham aqueles anjos bonitos, tinha uma revista que chamava Família Cristã. Ah, eu achava o anjo bonito... tinha o anjo protegendo o menino... a criança olhava, o anjo pegava a mão dele. Esses livros que os católicos escreveram para ensinar a nossa doutrina, aprender o que pode e não pode, eu acho de uma importância tremenda.

E depois, de outro lado, tinha o diabinho todo vermelho, tinha o chifre, não quero nem ver. Tinha um quadradinho assim, tinha o olho de Deus em cima. Quem recebeu uma doutrinação cristã, dificilmente se deixa levar por outras coisas. Tenho essa formação, então posso transitar em qualquer lugar. Não que eu desfaça de uma ou da outra, tem coisas que aceito, tem coisas que eu acho que não é daquele jeito. Mas não tenho nenhuma vontade de mudar de religião. Não porque sou católica e tenho medo, mas porque sou bem consciente da minha posição, eu acredito nisso porque quero e acho que é um ensinamento muito bom para os iniciantes, principalmente para as crianças.

Não importa se o anjo é assim ou assado, importa a maneira de dizer 'existem anjos'. Um anjo que não deixa o espírito mal vir para o seu lado, um anjo que intermedia Nossa Senhora entre nós e Deus, que pede a Deus por nós. Isso cria uma esperança, uma confiança que a gente sente que não está sozinho. Porque o ser humano é muito inseguro.

Como é que você vai fazer referência da sua família, se você não tem nenhuma foto? Como você mostra sua família? É um documentário. Quando você ama as pessoas, você guarda as fotos e a própria história. Às vezes, não é tão perfeita porque muitas coisas se perderam. Mas um pouquinho já ajuda. Ajuda dizer que Jesus nasceu da Virgem Maria, que teve José, toda uma história. Tudo isso ajuda na nossa fé. Tem uma figura de um homem, pode ser a imagem de um homem qualquer. Mas você tem uma noção porque nós somos humanos, nós temos figuras. Nossos entendimentos são construídos a partir de figuras. Nós não somos apenas espírito. Aprendemos a enxergar figuras. O nosso entendimento é de acordo com o que somos.

Jesus, seja loiro ou moreno, de olho verde ou preto, mas aprendemos de um jeito, enxergamos uma figura. Vemos o sangue escorrendo dele, os pregos, vemos uma coisa nítida. Isso faz muito bem para a conversão da pessoa. Sabemos que ele veio no Natal, todas essas coisas, seja árvore ou bola de brilhante, nós temos a nossa imaginação, nossas fantasias. Eu estou alegre, enfeitando, seja lá de que maneira, porque ele vai passar. Agora os evangélicos estão fazendo o que nós fazíamos, que eles diziam que era do demônio. Agora fazem árvore de Natal, novena. Para eles, tudo era um demônio. Eles falavam tanto que os católicos tinham demônios, por que estão fazendo exatamente o que os católicos faz? Até aparece com figura de Jesus. Eles detestavam figuras e agora passa na TV, em seus canais, a figura de Jesus. Entregam na igreja deles a figura de Jesus, dão fitinhas, que diziam que não podia ter, que era do demônio. Tudo o que podem fazer para a pessoa ir à igreja deles, eles fazem.

O pior é fazer uma coisa muito errada como jogar uma pessoa contra a outra. Você vai à igreja, eles fazem a sua cabeça e quando chega dentro de casa, começam aquelas brigas, aquela confusão. Um quer imagem, o outro não quer, um quer terço, o outro não quer. Porque fala que existe um demônio atrás da imagem. Por que não fala que tem demônio atrás do que você faz de errado? Porque uma imagem de gesso não vai fazer nem bem e nem mal, vai me fazer lembrar que Deus é um ser que me conduz, que me ajuda, que me abençoa. 'Não, você não tem que receber reza de ninguém porque tem que falar direto com Jesus'. Então, por que eles falam com o pastor? E por que rezam sobre a pessoa, se não pode deixar ninguém rezar na pessoa? O seu problema tem que ser falado direto com Jesus? Por que fica tanto tempo conversando de problemas com a pessoa? Se não precisa rezar e nem precisa pedir para Nossa Senhora, nem para os santos, não precisa rezar na cabeça da pessoa. Reza lá na frente e pronto. Quem vai rezar na cabeça? Eles mesmos. Eles assistem as orações, ficam dia e noite, mesmo depois de acabar o culto, fica uma fila deles próprios. Não dá nem oportunidade para quem é novato. Eles já assistiram não sei quantos cultos.

Não é que Nossa Senhora vá me dar, mas ela vai fazer muito mais do que podemos fazer aqui, pessoas de carne e osso. Ela vai interceder, pedir para Deus aquilo que estamos pedindo a ela. 'Nossa Senhora, peça por mim, a Deus, essa graça'. Não é muito mais do que eu mesmo pedir? Não é muito mais do que eu, um padre ou um pastor pedir? Esse nós sabemos que são santos? Se Nossa Senhora não pode ajudar, se Nossa Senhora não pode fazer uma intercessão, então ele pode? Porque acredito que o que ela está fazendo, é muito mais poderoso. E ele está fazendo a intercessão quando fala: 'ô, Jesus, sai, ouve o que essa pessoa está pedindo, ô coitado'. É cada coisa que não dá para compreender. Isso confunde a cabeça das pessoas.

Temos que avaliar melhor aquilo que falamos. Às vezes, as pessoas falam coisas para os outros que não tem nada a ver com a realidade. A pessoa fica em dúvida, não sabe se ouve uma pessoa ou outra. Fica aquela divisão, aquela confusão. Tem gente que fala muita coisa horrorosa por aí.

Respeito e tolerância

Existem muitas religiões e culturas no mundo. Uma e outra devem ser respeitadas por todos nós. Não temos o direito de destruir a cultura de um povo, de uma pessoa. Temos apenas o direito de orientar, se tiver alguma coisa que prejudique. Podemos dar alguma orientação, mas usar a violência para destruir, é errado, vai contra os ensinamentos de Deus.

Nós temos berço, padre, um povo. Quando falamos de tribos, temos os indianos, japoneses, cristãos, judeus, cada um segue uma linha, o Islã, do Oriente Médio, crentes, católicos, espíritas, hindus etc. Cada um julga que a sua é a certa. É nossa criação de berço. Não estamos preparados para aceitar a do outro. É a maneira aprendida há milhares de anos. Os pais, os avós, nasceram naquilo.

Então se você pratica aquilo, a religião sempre é uma maneira de defesa e de fortalecimento.

O objetivo da religião não é fazer maldade. Quando as pessoas, em certas linhas religiosas, tentam fazer uma maldade, na verdade, estão tentando punir o inimigo, se defender do mal que o outro causou. Se estiver me prejudicando, ele vai ver as consequências. Não é assim? Na religião acontece brigas em estágios. Cada uma apresenta uma maneira de brigar diferente.

É a mesma coisa quando você briga com um pedaço de pau, às vezes até com faca, com arma, um ataca e o outro se defende. Aquele que for mais forte normalmente ganha. Tem diferença entre elas? Só muda a maneira de ser, a sua posição. Quando você é atacado, usa o que tiver perto para se defender. E o outro defende. Aquele que for mais forte, vence. O objetivo de todas as religiões, de Jesus, Deus, é crer que existe uma força superior, que vai me ajudar a dar um jeito, vai me ajudar para que nenhuma pessoa me prejudique, vai me fortalecer para resolver essa situação. Isso foi com Davi, foi com os judeus, aqueles judeus sempre apegados com Deus para atravessar o mar vermelho, para sair da escravidão de faraó.

Nós continuamos fazendo tudo isso, só que cada um de uma maneira diferente, mas o sentido é o mesmo. É Deus ajudando ele, jogando a comida lá de cima, abrindo o mar para passar.

Tudo possui um poder central que você crê,

que nos guia, que não vai deixar as coisas ruins virem para cima. Muita gente reconhece Deus, mas existem várias maneiras da pessoa acreditar. Para alguns, Jesus também é Deus, assim como os índios que acreditam no poder do sol e da lua, todas as pessoas possuem algum tipo de crença.

Os rituais são uma maneira de se defender e de punir o inimigo. É a maneira que alguns povos aprenderam ao longo do tempo. Os ciganos, por exemplo, vivem do jeito que foi construído pelo seu povo no decorrer da história, então eles não são condenados por isso. Não existe maldade, é uma maneira de se defender, uma maneira de sobreviver.

Deus entende todas as várias formas de vida. Deus não vai condenar você porque nasceu em determinado grupo, é o que você sabe fazer, você faz sem maldade. Foi a maneira que você foi ensinado e, às vezes, não apareceu ninguém para orientar de forma diferente ou você não conseguiu entender o outro lado e continua na sua.

Não podemos, de jeito nenhum, agredir uma pessoa com palavras, condenar, ou desfazer da religião de quem quer que seja, porque é uma agressão terrível para o outro. A pessoa fica muito sentida, desolada. Você mexeu no que de mais sagrado ela acredita.

Podemos apenas mostrar para a pessoa como

é a minha prática religiosa, como eu faço. Ela pode observar e querer fazer igual, mas não posso pressioná-la e criticá-la para ela deixar de acreditar. Agora, existe um problema sobre essa questão, que comentei anteriormente, da senha evangélica e em outros meios religiosos também: a esperteza. Tudo bem que nem sempre diz respeito a religião cristã, mas muitas coisas que ela impõe a pessoa fica boba de ver, não é?

Às vezes, a pessoa fica louca para ganhar dinheiro, vai lá e aprende uma forma, mas o problema é o intermediário. Esse é condenado, mas não o que tem isso como cultura. De repente, eu sou uma freira ou um cristão, de qualquer religião, que sei a Bíblia de ponta a ponta, sei que Jesus veio à Terra, acredito nele, acredito em Deus, na Páscoa, no Natal, estou preparada para ajudar as pessoas.

Eu vejo aquilo, gosto e falo: 'poxa vida, como esse cara é bobo, vou fazer isso para ganhar dinheiro, vou ganhar rios de dinheiro, aprender direitinho como faz'. Fico um tempo aprendendo para usar os mesmos métodos, mas meu objetivo é comercial, porque já sou doutrinado, eles não. Eu sou doutrinado, e sou punido se continuar usando aquilo. Se eu for evangelizado, aprender com eles e usar daquilo porque quero ganhar dinheiro, eu sou punido, mas ele não. Porque é a cultura dele, é o que ele aprendeu, mas não é o meu caso. É como se saísse da mesa e fosse comer lá fora, na comida dos bichos.

Justiça e oportunismo

Deus condena o oportunismo de todas as maneiras. Não condena todas as pessoas, porque Ele sabe o que é justo, mas, sim, o oportunista que usa de maldade, com má intenção, inclusive religiosa.

A freira, que está totalmente preparada para as coisas de Deus, viaja para o Oriente e começa a usar os acessórios dos indianos. Por que ela não usa o evangelho? Por que não fala que Jesus vai ajudar? Que precisa parar de fazer coisas que Deus não gosta? Até orientando através do livro, da fé em Jesus. Ela, poxa, aprendeu tudo tão direitinho e agora vai mandar ter fé no cristal, nas crenças do indiano? O cristal tem energia, mas mais do que o cristal, só Deus. Se você aprendeu que Deus cura, que Deus salva, que Deus é poderoso, que Deus faz, então você pode usar o cristal, pode usar até um ramo de comigo-ninguém-pode, mas não é que isso protegerá você. Porque se estiver atrás de proteção por meio de uma planta, você está perdido. Porque a planta não substitui Deus. Mas eu conheço uma freira que frequentou esses lugares, depois, começou a trabalhar com pêndulo. Se você é uma pessoa cristã, se você acredita que o Espírito Santo ilumina, mostra os caminhos, não precisa de pêndulo. Ela precisa mentalizar a presença de Deus, pedir a Deus uma inspiração, orientar. 'Não, eu vou pegar o pêndulo, põe no meio desses cristais'.

O indiano faz isso porque não conhece Jesus, não conhece a Deus. Deus aceita o trabalho do indiano e até dá certo para quem faz, mas não aceita o trabalho dela, porque ela é evangelizada, o outro não é. É isso. Depende muito da situação e das circunstâncias.

Àquele que Deus concede muita coisa tem que fazer muito também. Então quando Deus ensina não temos o direito de cobrar mais, de pedir mais. Se ele ensinou para mim, não posso cobrar do outro que não sabe tudo que sei. Eu, ao invés de ensiná-lo, vou fazer o que ele sabe? Vou usar o pêndulo, os cristais que trouxe da Índia, vou ganhar dinheiro aqui no meu colégio? Ela tem o cristal, a Bíblia. Entendeu?

Os ciganos, como eu disse anteriormente, não aprenderam as coisas de Deus, da religião cristã, como nós aprendemos, ele não pode ser condenado.

Nesse caso, Deus não cobra nada, porque foi o que você aprendeu ao longo da vida.

Agora, se você bancou o esperto, foi aprender tudo, fazer um negócio lucrativo em cima daquilo, é diferente. Realmente, a maioria que faz essas coisas não é doutrinada espiritualmente. Caso a pessoa use algum tipo de espiritismo, não importa qual seja, é tudo a mesma coisa, é defesa e punição. São os dois lados da coisa, não existe muita diferença. Você, às vezes, pode não saber, mas se a sua intenção for boa e a intenção da pessoa for boa, tudo estará certo. 'Eu fui naquele lugar porque quero ser ajudada.' Então você pode receber a benção, sim, e ele pode ser abençoado, sim. Porque mesmo fazendo certas práticas, a intenção dele foi ajudar e a intenção do outro foi receber. Aí que está. Se você não usou de segundas intenções, de maldade, usou a fé, com certeza Deus vai existir uma resposta. Depende muito da nossa fé, da nossa pureza espiritual. É isso.

A todo o momento, Deus está olhando por nós. Ela não tem culpa. É o que ela sabe. Quando uma pessoa ataca, você vai ficar quieto? Não, você se levanta com toda a força. Assim também são os grupos religiosos de qualquer lugar, até mesmo nós católicos não rezamos contra os inimigos? Os crentes também rezam contra os inimigos. Mas às vezes os nossos inimigos são as nossas atitudes. Existem pessoas que praticam o mal, vão à igreja e 'sai! sai!'. Como o diabo sairá, se eu estou como o diabo gosta? Ele não sairá, ele ri na minha cara, porque estou fazendo tudo que ele gosta. Aí chego lá e 'ah, pastor, esse diabo não quer sair'. Como é que ele vai ajudar a tirar, sendo que eu estou fazendo tudo o que o diabo gosta. Chego lá, 'aleluia, Jesus, glória a Deus', rezo, que beleza, mas saindo dali, apronto mil coisas, engano o namorado... Já tive até caso que a mulher traiu o marido porque disse que às vezes tinha que ser assim, depois que foi para a igreja começou a desviar do caminho certo.

Não dá para entender, não consigo entender. Tem coisas que a pessoa atribui a Deus, mas não tem nada a ver. Jesus fala para vigiar. 'Ah, sabe estou gostando desse pastor...'. É pastor que se envolve com casada, ou com a mocinha que está lá. É isso que Jesus fala sobre vigiar.

Às vezes, nós temos que tomar cuidado. Com os que enganam as pessoas de alguma maneira e dizem depois 'sai, sai, sai'. Não é porque dançou, usou pintura ou foi se divertir. Pode se divertir, mas não pode enganar o cara, dizer que ama ele, só porque quer se aproveitar dele. Se quiser dançar, não tem problema, se quiser usar maquiagem, não tem problema, se quiser usar shorts, também não. O problema é a má intenção. 'Ah, o diabo está nela porque dançou'. Não. O problema é que a pessoa enganou, ela maquinou e mentiu. 'Ah, é porque usou a roupa muito curta'. Também não. As pessoas confundem o pecar com divertir, como usar uma maquiagem, uma determinada roupa. É lógico que não podemos exagerar, porque os exageros atraem o mal. Às vezes, você nem quer olhar mal para aquela pessoa, mas às vezes a pessoa está de uma maneira tão exagerada que acaba atraindo energia negativa... Temos que caminhar pelo meio termo, sermos temperados.

Temos noção perfeitamente. Se você vai numa igreja, não precisa ir escandalosa, porque não é um lugar para você ir com uma roupa assim. Vai passear, mas não ir à igreja com uma roupa tão chamativa. Lá você vai para fazer suas orações. Não precisa ir luxuosa demais, escandalizar as pessoas que estão ali e não estão tão estilosas como você. Não é um casamento, não é uma festa, é uma igreja. Tem gente que mistura as coisas. Vai à igreja, mas parece que vai para a uma festa. Não bate muito. A pessoa tem que ter a consciência do que vai ser bom e aquilo que não será tão bom. Pecado, não é. Mas não é a melhor maneira de estar ali no meio de todos.

A tarefa é difícil, mas não impossível

Procurei, neste livro, não atacar ninguém, não atingir de forma negativa nenhuma religião. Minha intenção foi e é reforçar que, embora humanos, devemos evitar exageros nas falhas, devemos expandir a nossa consciência e lutar contra o egoísmo.

Os atos, com já nos disse Jesus, são os mais importantes. Devemos trabalhar pela paz para si e para os outros, manter uma conduta além da aparência e valorizar a substância, a essência.

Temos as nossas obrigações, nossa responsabilidade. Os homens podem enganar a si e aos outros, mas não enganam a Deus. Ele está sempre a ouvir nossas orações, e a reza é isso, falar com Deus. Precisamos não prejudicar o próximo, precisamos cuidar do nosso Universo e fazer bem o nosso trabalho (seja ele qual for).

Que oração nós temos que fazer para melhorar o mundo? O recado é claro, Deus não pode ajudar se a pessoa não se ajuda. Na busca de melhora, chegará a hora em que a pessoa mudará. Assim, ela encontrará Deus dentro de si mesmo. Nós temos que melhorar primeiro a si, para que o mundo também melhore.

'Jesus nos disse: Se você quiser vir a mim, pegue a sua cruz e siga-me'

Por que Jesus falou assim? Porque são muitas tentações, quando você fala que é evangélico, mas apoia uma pessoa que está prejudicando as escolas das crianças, por exemplo. Jesus não falou: 'Pegue seu dinheiro e me segue. Pegue sua fazenda, sua igreja, seu canal de televisão e me segue', Jesus falou: 'Pegue a sua cruz e siga-me', ou seja, aceitar Jesus é ter caráter... é ser o profeta que fala a verdade.

Se eu estiver lá no Congresso, não vou votar numa lei que vai prejudicar as pessoas dependentes, os mais fracos, aqueles que não têm estudo, que não sabem se defender. Como vou dizer que sou evangélico, que batizei e aceitei Jesus? Ainda que lá no Congresso eles me batam na cara, ainda que me tirem o cargo, eu defenderei aquelas pessoas que estão sendo sacrificadas por causa do dinheiro dos mais fortes. Como a pessoa fala que aceitou Jesus?

Quando você chega em certas igrejas – e me

dá até dó, porque as pessoas que frequentam são muito simples, em sua maioria pobres e sem estudo –, eles mostram um candidato e falam: 'Esse é o candidato da igreja, quero que vocês votem nele, porque ele vai me favorecer a abrir mais igrejas para vocês'. Só que esse candidato, para defender a sua igreja, chegará lá no Congresso, na prefeitura, no Estado e votar contra nosso povo, votar contra a escola, votar contra o trabalhador e contra o índio. E dá o recado dele: 'Quanto mais você tiver dinheiro, igrejas e fazendas, mais Jesus está com você'. E que eu saiba, a palavra de Jesus é essa: 'Se você quiser me seguir, pegue a sua cruz e siga-me.' Quando você apoia as coisas de Jesus, o mundo pode se voltar contra você.

Por que ao ver uma situação de injustiça, você não tem boca para defender o mais fraco? Você vota para favorecer o mais forte, dizendo que é evangélico? Aquela pessoa está se perdendo, porque você votou contra ela... como é que você vai ter cara de chegar no altar da igreja e falar que é evangélico? Então é só de boca? A coisa é mais séria.

Você deve pegar a sua cruz e seguir Jesus. Não pode ser só da boca para fora, em troca de bolso cheio de dinheiro por apoiar aqueles que estão lá em cima, porque assim você engana o seu irmão que está embaixo.

Eu sou uma profetisa de Deus e estou vendo isto acontecer por aí a toda hora. Não torço para partido político nenhum, não sou partidária de nada, eu sou partidária de Deus e eu fico boba com a manipulação de muitos deles querendo voto para depois chegar lá em cima e votar contra aqueles que mais precisam. Eu acho triste a pessoa que se diz evangélica enganar outras pessoas desse jeito.

Reza, reza e ora, ora, só falta estourar de gritar... põe música etc, mas não faz a vontade de Deus, entendeu? Dentro da igreja evangélica é um lugar que tem adultério como em qualquer outro, uns apoiam, outros acobertam, ficam caladinhos, não falam nada, é coisa bárbara de você ver. Um tempo atrás teve um filho de missionário que disse que não podia nem ir à praia, não podia usar shorts, não podia fazer nada, mas esse filho de missionário e pastor também, estava pegando as moças da igreja e levando para uma mansão que a igreja tinha não sei aonde, chamando as mocinhas dizendo que era para ensaiar para o culto e a igreja que proíbe assistir televisão, vestir calça, usar batom e passar esmalte, estava levando as moças para lá para assistir televisão e outras que nem vou falar...

Que Deus me inspire!

Jesus, aquele que Deus pai criador enviou para nos libertar, amém. Divino Espírito Santo, que ele possa me inspirar nessa oração que vou fazer para todos nós.

Toda vez que leio essa palavra de Jesus, fico meditando: 'Se você quiser seguir-me... se quiser vir a mim, pega sua cruz e siga-me', você sabe que todo mundo, cada um tem uma religião: um é católico, outro é evangélico, um é espírita, outro é hindu. São várias religiões, mas é muito sério essa palavra de Jesus. É muito fácil dizer que temos Deus, que batizamos na água ou batizamos lá com uma gota de água na cabeça, enfim o outro fala que é evangélico, mas será que têm pessoas que fazem como Jesus pede: 'Se você quiser a mim, pega sua cruz e siga-me'?

Qual a cruz que Jesus falou para seguir? Será que foi passar só pelas águas? Ou ir à igreja, sentar no banco e ficar escutando a pregação? Nós temos compromisso com Deus, com Jesus diante das injustiças, diante daquelas pessoas que dependem de nós, pessoas necessitadas, pessoas que não estudaram ou que vivem de um trabalho simples e ganham pouco. Cada vez que a gente se depara com uma criança que não tem escola, com uma pessoa que mora muito mal – em lugares que não dá nem para explicar, que se divide a casa com esgoto –, devemos nos perguntar se estamos pegando a cruz de Jesus, ou se estamos de boca fechada.

Eu estou pegando a cruz de Jesus e seguindo? Ou só falando como aqueles que vestiam grandes túnicas e ficavam nas esquinas das ruas dizendo que estavam jejuando, para todo mundo ver que eles estavam por ali, que estavam orando a Deus?

É melhor que a gente não viva a religião por aparência, que a gente possa em cada situação de injustiça, tomar como nossa a causa dos nossos irmãos, sem briga e sem violência. Não devemos apoiar coisas que prejudicam os nossos irmãos mais necessitados, aí sim eu creio que estamos pegando a cruz de Jesus e seguindo ele.

Mas quando a gente vê um projeto, uma coisa grande que vem com a certeza de que vai prejudicar os nossos irmãos e eu estou apoiando, não posso dizer que sou evangélico. Você fala muito bonito de

Jesus, só que vive totalmente ao contrário do que ele orienta, não olha o homem que estava deitado no chão, na pior. E assim vem uma pessoa que não era de religião nenhuma e socorre o homem, qual dos dois ouviu o que Jesus orientou?

'Pega sua cruz e siga-me', falo várias vezes porque acredito que isso vai bater na sua mente, na sua consciência, no seu coração – igual ao sino que a gente põe no pescoço dos cavalos que puxam os outros, não vai dar um minuto de sossego e sua consciência vai pesar e doer. Quando você falar que é evangélico, é mesmo?

E a cruz de Jesus, que ele disse para eu pegar e segui-lo? O que eu estou fazendo pelos meus irmãos mais pobres? Só pregando na igreja? Dizendo por aí que a vida do outro não melhorou porque está fazendo muita coisa errada? E você que está pregando, não faz coisa errada?

Quando vê os pobres necessitados na sarjeta, faz alguma coisa por eles? Em algum momento, vão pagar porque fizeram muita coisa errada. Eu acho que aqueles que têm muito dinheiro e roubam dos mais pobres, vão pagar muito mais, entendeu?

Roubar o dinheiro dos mais pobres, há um mal maior do que esse? Por causa do dinheiro que roubou, as crianças estão morrendo doentes, sem escola e sem estudo, o jovem está aí sem nenhuma perspectiva de vida, não é?

E você lá na igreja, ouvindo: 'Dá mais dinheiro, sua vida não melhora porque você está cometendo pecado'. E o seu pecado? Não estou falando mal de ninguém, estou alertando! Peço que vocês repitam essa oração, pequena, mas intensa: 'Se você quiser vir a mim, pegue sua cruz e siga-me'. É seguir a cruz de Jesus, ser profeta, ter coragem para defender o mais fraco.

Se você não é capaz de ser profeta para defender a cruz de Jesus, para defender as pessoas que estão precisando, então seu deus é o dinheiro. Nessas condições, o dinheiro não é bom, quando a pessoa o coloca acima do ser humano, não adianta batizar nas águas.

Numa passagem, João (8:44) nos disse que 'Vocês pertencem ao pai de vocês, o diabo, e querem realizar o desejo dele. Ele foi homicida desde o princípio e não se apegou à verdade, pois não há verdade nele. Quando mente, fala a sua própria língua, pois é mentiroso e pai da mentira'. Podemos interpretar que, desse jeito, ele nos ensina algo sobre oprimir e humilhar, fala da maldade contra as pessoas injustiçadas. O mesmo João (4:16) nos deixou uma mensagem que resume nossa proposta e com ela chegamos ao final dessa conversa em "A Senha Evangélica": 'E nós conhecemos, e cremos no amor que Deus nos tem. Deus é amor; e quem está em amor está em Deus, e Deus nele'.

Leia Mensagens Proféticas,
o outro livro da Dona Conceição!

cosmos@editoracosmos.com.br

www.facebook.com/editoracosmos

editoracosmosbrasil/

(011) 9.3300-9301

@cosmoseditora